BEI GRIN MACHT SICH IHR WISSEN BEZAHLT

AF148299

- Wir veröffentlichen Ihre Hausarbeit, Bachelor- und Masterarbeit

- Ihr eigenes eBook und Buch - weltweit in allen wichtigen Shops

- Verdienen Sie an jedem Verkauf

Jetzt bei www.GRIN.com hochladen und kostenlos publizieren

Jan Brüggemann

Caritas in veritate - ein Überblick

GRIN Verlag

Bibliografische Information der Deutschen Nationalbibliothek:

Die Deutsche Bibliothek verzeichnet diese Publikation in der Deutschen National-
bibliografie; detaillierte bibliografische Daten sind im Internet über http://dnb.d-
nb.de/ abrufbar.

Impressum:

Copyright © 2012 GRIN Verlag, Open Publishing GmbH
Druck und Bindung: Books on Demand GmbH, Norderstedt Germany
ISBN: 978-3-656-12413-9

Dieses Buch bei GRIN:

http://www.grin.com/de/e-book/188591/caritas-in-veritate-ein-ueberblick

GRIN - Your knowledge has value

Der GRIN Verlag publiziert seit 1998 wissenschaftliche Arbeiten von Studenten, Hochschullehrern und anderen Akademikern als eBook und gedrucktes Buch. Die Verlagswebsite www.grin.com ist die ideale Plattform zur Veröffentlichung von Hausarbeiten, Abschlussarbeiten, wissenschaftlichen Aufsätzen, Dissertationen und Fachbüchern.

Besuchen Sie uns im Internet:

http://www.grin.com/

http://www.facebook.com/grincom

http://www.twitter.com/grin_com

Universität Kassel

Semester: Wintersemester 2011/2012

Seminar: „Die Armen sollen es hören und sich freuen" (Ps 34,3) – Einführung in die christliche Gesellschaftslehre

Referatsausarbeitung:

Zusammenfassung

von

Caritas in veritate

von Jan Brüggemann

Lehramt Gymnasium

Kath. Religion

(5. Semester)

Jan Brüggemann

Inhaltsverzeichnis S. 2

Einleitung

Die langerwartete dritte Enzyklika von Papst Benedikt über soziale Fragen wurde unter dem Titel „Caritas in veritate" am 07. Juli 2009, einen Tag vor dem G8-Gipfel, veröffentlicht. Caritas in veritate befasst sich mit den Themen Liebe und Nächstenliebe, Gerechtigkeit und Wahrheit. Der Papst spricht damit nicht nur alle Katholiken, sondern alle denkbereiten Menschen guten Willens an. Daher heißt es im Titel weiter „über die ganzheitliche Entwicklung des Menschen in der Liebe und in der Wahrheit" (Radio Vatikan, 2009). In der Einleitung erinnert Papst Benedikt XVI. daran, dass die Liebe der wahre Lehrmeister der katholischen Soziallehre sei. Liebe und Wahrheit gehören laut Papst zusammen. Die Entwicklung des menschlichen Zusammenlebens braucht Wahrheit. Ohne sie könnte es dazu führen, dass das soziale Handeln der Menschen ein Spiel von Machtansprüchen und privater Interessen mit starken Konsequenzen für die Gesellschaft werde. Die zwei Orientierungsmaßnahmen für moralisch, richtiges Handeln sind Gerechtigkeit und Gemeinwohl. Das bedeutet, dass jeder Christ zur Liebe berufen sei und an das Gemeinwohl des anderen denken müsse. Die Kirche setzt sich in diesem Fall für die Gesellschaft ein, in der der Mensch als Maß angesehen wird und in der seine Wünsche und Würde respektiert wird.

Kapitel 1: Populorum Progressio

Das erste Kapitel der Enzyklika orientiert sich an Papst Paul VI. Enzyklika „Populorum Progressio" und soll die grundlegenden Gedanken weiter ausführen, die in dieser Enzyklika niedergeschrieben sind. „Ohne die Aussicht auf ein ewiges Leben fehlt dem menschlichen Fortschritt in dieser Welt der große Atem" (Radio Vatikan, 2009). Ohne Gott wird die Entwicklung geleugnet und kann nicht weiter stattfinden. Papst Benedikt erklärt, dass die Entwicklung nur dann umfassend sei, wenn sie sich auf die Förderung aller Menschen ausrichte. „Der christliche Glaube kümmert sich um die Entwicklung, ohne sich auf Privilegien oder auf Machtpositionen [zu verlassen.] Der Glaube setzt vielmehr einzig auf Christus" (Radio Vatikan, 2009). Papst Benedikt stellt fest, Gründe für die Unterentwicklung mancher Länder seien das Denken der Menschen und dies könne nicht auf materielle Dinge zurückgeführt werden. Die Globalisierung lässt uns zu Nachbarn werden, wir sollen deshalb brüderlicher denken. Es ist nötig die Ziele der Globalisierung erkennbar zu machen und die aktuellen wirtschaftlichen, sowie gesellschaftlichen Prozesse zu menschlichen Ergebnissen zu führen (Papst Benedikt XVI., 2009, S. 19 f.).

Kapitel 2: Menschliche Entwicklung

Im zweiten Kapitel befasst sich Papst Benedikt mit der aktuellen menschlichen Entwicklung, die momentan ihren Blick auf die Ausrichtung für Profit lenkt und nicht an das Gemeinwohl denkt.

Wenn der Endzweck nicht das Allgemeinwohl ist, kann das bestehende Vermögen zerstört und erneute Armut erzeugt werden. Zu dieser aktuellen Entwicklung führten Finanzspekulationen, ein falsches Umgehen mit Migrationsströmungen, die falsche Nutzung von Grundgütern und deren Verschwendung. Aufgrund dieser Aspekte fordert Papst Benedikt XVI. eine „neue humanistische Synthese" (Radio Vatikan, 2009) und neue Überlegungen, wie man mit der Finanzkrise umgehe.

Als Folge müsse sich die Weltordnung angesehen werden: Man stelle fest, dass der Welt-Reichtum wachse, aber Teile und Länder der Welt immer mehr verarmen. Die Lücke zwischen Arm und Reich wird ständig größer. Benedikt XVI. fordert dauerhafte Aussichten, die dafür sorgen, dass Armut und Leid beseitigt werden. Die strukturellen Ursachen müssen beseitigt und die landwirtschaftliche Entwicklung der ärmeren Länder gefördert werden. Er befürwortet nicht nur traditionelle Anbaumethoden, sondern auch neue landwirtschaftliche Produktionstechniken, vorausgesetzt sie sind umweltfreundlich, zweckmäßig und zuträglich.

Arbeiterrechte werden oftmals nicht anerkannt, und reiche Nationen versuchen ihre wissenschaftlichen Entdeckungen zu schützen, um den größtmöglichen Gewinn zu erzielen. Der Papst warnt vor einer Wirtschaft, die immer schneller auf eine Senkung der Arbeiterrechte ziele, um internationale Wettbewerbsfähigkeit zu schaffen.

Heutzutage herrsche eine neue Wirtschaftsordnung, so Benedikt XVI.. Kapital und Produktionsmittel seien mobiler. Aus diesem Grund seien Länder auch leichter beeinflussbar. Der Papst fordert daher, dass über den Wert und die Rolle der Staaten neu entschieden werde. Er prognostiziert für das Geschehen eine aktivere Teilnahme der Zivilgesellschaft an der nationalen und internationalen Politik. Außerdem thematisiert er, dass reiche Nationen ihre Produktion von Gütern in ärmere Länder verlagern, um geringere Produktionskosten zu haben. Was mit den ärmeren Ländern dadurch geschehe, sei für viele Arbeitgeber nicht ersichtlich. Kinderarbeit und Hungerlöhne sind die Folge der Ausbeutung der ärmeren Länder. An die Menschenrechte wird in diesen Fällen nur selten gedacht, sondern viel mehr an die Wettbewerbsvorteile, die so auf dem Weltmarkt erzielt werden. Benedikt alarmiert daher die Regierenden, dass der Mensch das zu schützende Kapitel der Welt ist und erinnert an die Menschenrechte.

Ein weiterer Punkt der in diesem Kapitel bemängelt wird, ist der kulturelle Austausch der Länder bedingt durch Globalisierung und Produktionsverlagerung. Die Gefahr sei groß, dass Länder und Kulturen sich immer mehr den Traditionen anderer Länder anpassen und dadurch ihre eigenen Besonderheiten verlieren. Eine „kulturelle Verflachung [und auch die] Vereinheitlichung der Lebensstile" (Radio Vatikan, 2009) sei das Endprodukt. Natürlich habe die Globalisierung auch positive Ergebnisse, wie zum Beispiel die Perspektive neue Güter, Kulturen und Traditionen zu erfahren, doch sei dies alles zu beschützen.

S. 4

Papst Benedikt XVI. unterstreicht, dass der Respekt vor dem Leben auf keinen Fall getrennt werden darf von der Entwicklung der Völker. Die Entwicklung und das Leben der Menschen seien auf jeden Fall wichtiger und vorrangiger als jede Art der Entwicklung neuer Produktionstechniken, die den Menschen auf der Welt schaden könnten. Ebenso macht er darauf aufmerksam, dass es in einigen Teilen der Welt Geburtenkontrollen gibt, die den Frauen die Abtreibung vorschreibt. Dies könne nicht länger geduldet werden, so der Papst. Sorge errege auch für die Nationen, in denen Euthanasie vom Gesetz vorgesehen wird. Wenn eine Gesellschaft „den Weg der Lebens-verweigerung oder -unterdrückung einschlägt, wird sie schließlich nicht mehr die nötigen Motivationen und Energien finden, um sich für das wahre Wohl des Menschen einzusetzen" (Radio Vatikan, 2009). Ein anderer Aspekt der Entwicklung ist die religiöse Freiheit. Gewalt, so der Papst, die ausgeübt wird aufgrund von religiösen Spannungen, verhindere, die Menschen können sich auf natürliche Art und Weise entwickeln. Ebenso ist es mit dem Terrorismus sowie dem Atheismus, der der Entwicklung der Völker schade, „indem er ihnen die geistlichen und humanen Ressourcen entzieh[e]" (Radio Vatikan, 2009). Der Papst wünscht eine neue Lebensqualität zu erreichen, in dem Liebe und Wahrheit gebraucht werden. Man könne sich schwer vorstellen, was mit der Welt-bevölkerung passiere, wenn Liebe und Wahrheit in Vergessenheit geraten. So warnt er bspw. auch vor Schäden und Spaltungen in der Menschheitsfamilie. Man müsse diesen bevorstehenden, eventuellen Problemen mit einem neuen sozialen Engagement entgegentreten (Papst Benedikt XVI., 2009, S. 21 – 33).

Kapitel 3: Brüderlichkeit, wirtschaftliche Entwicklung und zivile Gesellschaft

Die Unentgeltlichkeit eines jeden Menschen sei in vielerlei Formen im Leben der Menschen gegenwärtig, doch rücke sie auf Grund von Produktion und Nutzen immer mehr in den Hintergrund. Die Menschen seien überzeugt von der Unabhängigkeit der Wirtschaft in moralischen Einflüssen, so dass der Mensch dazu geführt werde, die Wirtschaft in destruktiver Weise zu missbrauchen und zu zerstören. Eine Entwicklung muss, wenn sie auf das Allgemeinwohl der Menschen zielt, dafür sorgen, dass es den Menschen gut gehe und dürfe den Lebensraum und die Ressourcen der Menschen nicht zerstören.

Diese Forderung gilt besonders für den Markt, der ohne Solidarität und Vertrauen „die ihm eigene wirtschaftliche Funktion nicht vollkommen erfüllen kann" (Radio Vatikan, 2009). Der Markt könne nur funktionieren, so der Papst, wenn er Arme nicht als Ballast, sondern als wertvolles Gut sehe. Er darf die armen Länder und Völker der Welt nicht durch die Reichen überrennen – er muss ihnen helfen und sie unterstützen. Der Markt muss das Ziel haben, Gemeinwohl zu verfolgen, für das auch die politische Gemeinschaft zuständig ist (Radio Vatikan, 2009).

Papst Benedikt vertieft, der Markt sei von Natur aus nichts Negatives. Verantwortlich für ihn ist der Mensch mit seinem moralischen Handeln und Gewissen sowie seiner Verantwortung. Ebenso sind rechtmäßige Bestimmungen notwendig, um das Leben für die Weltbevölkerung wieder lebenswert zu machen. Faire Behandlungen der Menschen werden benötigt. Der Papst weist auf die Notwendigkeit eines Systems von drei Subjekten hin: Markt, Staat und Zivilgesellschaft. Die Wirtschaft müsse ziviler gestaltet werden und mehr Menschen müssen sich dem gerechten Welthandel zu wenden, so Benedikt XVI..

Die aktuelle Wirtschaftskrise brauche Veränderungen. Menschen müssen durch diese Veränderungen das Verständnis des Wirtschaftsmarktes begreifen und ihn so ändern, dass er gerechter werde und das Wohl der Menschheit bedächte. Die Wirtschaft, vor allem der Markt, dürfe nicht nur die Interessen der berufstätigen Menschen berücksichtigen, sondern müsse sich um das Gemeinwohl sorgen. Die Wirtschaft soll auf die Arbeitnehmer, Kunden, Zulieferer und die Gemeinde stark eingehen, weil diese zum Leben der Disziplin beitragen.

Das Kapitel endet mit einer neuen Bewertung des Phänomens der Globalisierung. Sie darf und soll nicht nur als „sozioökonomischer Prozess" (Radio Vatikan, 2009) gesehen werden. Die Menschen sollen sich aktiv daran beteiligen und müssen Gestalter dieses Prozesses werden, in dem mit Vernunft gehandelt wird und sich die Menschen von der Liebe und der Wahrheit leiten lassen. Die Globalisierung mache auf weltweiter Ebene eine noch nie dagewesene Neuverteilung des Reichtums möglich, was sich die Menschen zu nutzen machen sollten, um Länder aus der dritten Welt zu unterstützen. Jedoch sollte sich diese Neuverteilung davor hüten, von egoistischen Plänen machtstrebender Wirtschaftsleute übernommen zu werden, die die Neuverteilung möglicherweise bremsen würden (Radio Vatikan, 2009).

Kapitel 4: Entwicklung der Völker, Rechte und Pflichten und Umwelt

Das vierte Kapitel behandelt das Thema Entwicklung der Völker, Rechte, Pflichten und Umwelt. Beobachtbar ist „die Beanspruchung des Rechts auf Überfluss" (Radio Vatikan, 2009) in den reichen Ländern, während in unterentwickelten Gegenden Nahrung, Trinkwasser, Schulbildung oder medizinische Grundversorgung fehlen. Hier werden, beklagt der Papst, Individualrechte von ihrem Standort verrückt, weil sie „von einem sinngebenden Rahmen von Pflichten losgelöst sind" (Radio Vatikan, 2009). Rechte und Pflichten gehören zu dem ethischen Rahmen. Sie können innerhalb einer Gesellschaft geändert werden. Somit sind Rechte objektiv zu betrachtet und dies sollen auch die Regierungen und internationale Organisationen verstehen (Papst Benedikt XVI., 2009, S. 43).

Das Wirtschaftsleben soll auf das Erlangen des Gemeinwohls ausgerichtet werden, für das auch und vor allem die politische Gemeinschaft sorgen muss. Die Kirche vertritt die Meinung, dass die/das Wirtschaftstätigkeit/-handeln als sozial angesehen werden soll. Der Markt an sich, ist nicht ein Ort der Unterdrückung der Armen durch Reiche und soll deshalb auch nicht dazu werden. Die Schere zwischen Arm und Reich soll nicht immer größer werden, sondern soll gestoppt werden. Zur heutigen Zeit sei es zu einer sozialen Notwendigkeit geworden sein, den jungen Generationen wieder die schönen Seiten der Familie und der Ehe vor Augen geführt werden. Der Papst möchte, dass in Zukunft Ehescheidungen vermieden werden. Er alarmiert die Staaten Familien finanziell zu fördern (Papst Benedikt XVI., 2009, S. 44).

Der Papst sagt, die Marktwirtschaft brauche für ihr korrektes funktionieren eine menschen-freundliche Ethik, die die internationale Zusammenarbeit unterstütze. Der wirtschaftliche und menschliche Entwicklungsprozess soll durch Solidarität geprägt sein.

Die letzten Absätze dieses Kapitels handeln über die Umwelt. Die Gläubigen sehen die Natur als ein Geschenk Gottes an, mit dem verantwortlich umgegangen werden muss. In den letzten Zeilen des Kapitels beschäftigt er sich mit der Energie und ihren Probleme. „Die internationale Gemeinschaft muss daher Wege finden, um die Ausbeutung der nicht erneuerbaren Ressourcen zu zügeln, und zwar unter Einbeziehung der armen Länder, um mit ihnen gemeinsam die Zukunft zu planen" (Radio Vatikan, 2009). Die technologisch fortgeschrittenen Gesellschaften haben den Auftrag ihren Energiebedarf zu reduzieren, sagt der Papst (Radio Vatikan, 2009).

Gleichzeitig muss die Suche nach alternativen Energien voranschreiten. Die Gesellschaft müsse ernsthaft ihren Lebensstil überprüfen, weil die Welt zum Konsumismus und Hedonismus neige und sich gegenüber den daraus entstehenden Schäden gleichgültig verhalte (Papst Benedikt XVI., 2009, S. 48 – 50; Radio Vatikan, 2009).

Kapitel 5: Zusammenarbeit der Völker

Papst behauptet, die Entwicklung der Völker hänge vor allem davon ab, wie die Gemeinschaft zusammenarbeite und Subjekte gebildet werden, die miteinander leben und nicht nebeneinander. Gegenseitiges Vertrauen und Unterstützung ist hier von großer Relevanz. Der Papst legt weiter aus, die unterschiedlichen Religionen sollen sich gegenseitig respektieren und anerkennen, denn nur wenn Gott im öffentlichen Bereich Platz finde, können erfolgreiche Beiträge zur Entwicklung enststehen (Radio Vatikan, 2009).

Der Papst bezieht sich dann auf das Prinzip der Subsidiarität, sie ist ein Hilferuf für Personen, die durch Autonomie Verbände und mittleren Einheiten/ Gruppen geeignet seien, die Globalisierung zu humanisieren (Papst Benedikt XVI., 2009, S. 59).

Die mittleren Gruppen sind selbstständig und wirken selbst. Des Weiteren ist das Subsidiaritäts-prinzip dazu geeignet die Menschlichkeit im Arbeitsleben besser zu realisieren und auf einzelne Probleme besser einzugehen.

Auf Seite 57 erteilt der Papst einen Appell an die reichen Staaten, höhere Umsätze des Brutto-inlandsprodukts für die Entwicklungshilfe bereitzustellen.

Im nächsten Teil des Kapitels befasst sich der Papst mit Problemen. „Kein Land kann sich allein dazu imstande sehen, den Migrationsproblemen unserer Zeit zu begegnen. Wir alle sind Zeugen der Last an Leid, Entbehrung und Hoffnung, die mit den Migrationsströmen einhergeht" (Papst Benedikt XVI., 2009, S. 62).

Der Papst verlangt, dass die auswärtigen Arbeiter nicht als Ware zur Produktion angesehen werden, sondern als Menschen. Die Einwanderer sollen die gleichen Bedürfnisse und Rechte haben und sie sollen mit Würde behandelt werden. Daraufhin verdeutlicht der Papst den Zusammenhang zwischen Armut und Arbeitslosigkeit. Alle sollen würdige Arbeit leisten und dürfen. Er fordert, dass die sozialen Rechte der Arbeiter nicht verletzt werden (Papst Benedikt XVI., 2009, S. 63).

Der letzte Abschnitt handelt über die UNO. Der Papst verlangt eine „echte politische Weltautorität[,] die sich von den Werten der Liebe in der Wahrheit inspirieren [lassen]" (Radio Vatikan, 2009). Außerdem muss die ausgewählte internationale Autorität von allen anerkannt sein. Sie muss über wirksame Macht verfügen, um für jeden Sicherheit und Gerechtigkeit zu gewähr-leisten. Alle anderen dürfen keine Macht besitzen und ausüben (Papst Benedikt XVI., 2009, S. 65 – 67).

Kapitel 6: Entwicklung der Völlker und die Technik

Der Papst warnt in diesem Kapitel vor der Verdorbenheit in der Entwicklung des Menschen. Der Mensch solle darauf achten, dass er sich nicht nur auf sich selsbt beziehe. Der Mensch verherrlicht sich selbst und entwickelt sich im Negativen.

Man sollte der Technik keinen freien Fuß lassen. Die Kommunikationsmittel sollen die Würde der menschlichen Person und der Völker fördern. Die technische Welt soll den Menschen angepasst sein und ihm dienen und nicht umgekehrt (Papst Benedikt XVI., 2009, S. 73).

Im Schlussteil der Enzyklika erwähnt der Papst, dass die Entwicklung Christen braucht, „die die Arme zu Gott erheben" in Liebe und Vergebung, in Selbstverzicht, in Annahme des Nächsten, in Gerechtigkeit und Frieden (Papst Benedikt XVI., 2009, S. 79).

Reaktion auf die Enzyklika

Die deutschen Bischöfe benennen die Enzyklika Caritas in veritate von Papst Benedikt XVI. als ein großartiges Werk und habe in der jetzigen Krise eine grandiose Botschaft vorgelegt. Der Vorsitzender der deutschen Bischofskonferenz und Erzbischof Robert Zollitsch sagt: „Die Sozialenzyklika Caritas in veritate ist ein großartiges Werk, das allen Menschen guten Willens zentrale Voraussetzungen einer menschengerechten und- würdigen Entwicklung - und damit auch der Globalisierung - vor Augen hält" (Frankfurter Rundschau, 2009). Des Weiteren stellt die Enzyklika einen wichtigen Beitrag zu den Vorteilen und Gefahren der Globalisierung dar. Das Anliegen des Papstes sind nicht Lösungskonzepte für die Krise zu schaffen, sondern er fordert die Entwicklung der Menschen zu betrachten. Der Mensch soll sich auf seine Grundwerte besinnen und und die Ganzheitlichkeit des Menschen betrachten.

Literaturverzeichnis

Papst Benedikt XVI. (2009): Liebe in Wahrheit. CARITAS IN VERITATE. Die Sozialenzyklika. Augsburg: Sankt Ulrich.

Frankfurter Rundschau (2009): Deutsche Bischöfe würdigen Enzyklika. Zugriff am 06.01.2012 unter: http://www.fr-online.de/politik/hintergrund-deutsche-bischoefe-wuerdigen-enzyklika,1472596,3154084.html.

Radio Vatikan. Die Stimme des Papstes und der Weltkirche (2009): Enzyklika „Die Liebe in der Wahrheit" – Zusammenfassung. Zugriff am 06.01.2012 unter: storico.radiovaticana.org/ted/storico/2009-07/300471_enzyklika_die_liebe_in_der_wahrheit_zusammenfassung.html.